TRAITÉ
DE L'ORTOGRAPHE
FRANÇOISE
En Forme de
DICTIONNAIRE

Où l'on trouve tous les Noms

*Néces*saire

OUVRAGE

Consacré a l'Instruction de la

Jeunesse

A PARIS

Chez Mondhare, rue S.t Jacque

Près S.t Severin

1776

AB

abaissement
abaisser
abandon
abandonnement
abandonner
abbâtardis
abbattement
abbatis, abbé
abbattre
abbaye, abbesse
abbois
abbouement
abboyer
abréviation
abdication
abeille
abjection
abjuration
abjurer
ablution
abolir
abolition
abominable
abomination
abondamment
abondance
abondant
abonder, abord
abouchement
s'aboucher
aboutissant
abrégé
abreger
abreuver
abreuvoir
abri, abricot
abricotier
abroger

abrutis
un abscés
absence
absent
s'absenter
absinthe
absolu
absolument
absolution
absorber
absoudre
absous
s'abstenir
abstinence
abstinent
absurde
abstrait
abus, abuser
abusif
abusivement
abime, abimer
s'abimer

A C

Académie
académicien
académiste
accablement
accabler
accent
acceptable
acceptation
accepter
acception
accessible
accessoire
accès
accident
acclamation
accolade

accoler
accommodement
accommodent
accommode
accommoder
accompagnement
accompagner
accomplir
accomplissem.t
accoquiner
accord
accordant
accorder
accoster
accoter
accouchée
accouchement
accoucher
accoucheur
accoupler
accourcir
accourcissem.t
accoutumer
accréditer
accroc
accrocher
accroissement
accroitre
s'accroupir
accueil
accueillement
accueillir
accumuler
accusateur
accusation
accusé, accuser
accusement
achalander
acharner

s'acharner
achat
acheminement
s'acheminer
acheter
acheteur
achever
achopement
acide, acidité
acier, acolite
acquérir
acquêt
acquiescement
acquiescer
acquisition
acquit
acquitter
âcre
acrimonie
acte, actif
action
activité
acteur
actrice, actuel
actuellement

A D

adapter
addition
additionner
adam
s'adonner
adoucir
adoucissement
adhérant
adhérer, adieu
adhésion
adjacent
adjectif
adjudication

adjudicataire
adjuger
admettre
administrateur
administration
administrer
admirable
admirablement
admirateur
admiratrice
admirer
admis
admonester
admonition
adolescence
adopter
adoptif
adoption
adorable
adorateur
adoration
adorer
s'adosser
adoucir
adoucissement
adresse
adresser
adrien
adrienne
adroit
adroitement
adverbe
adversaire
adverse
adversité
advertance
adulte
adultere
aduste

AF

Affabilité
affable
affadir
affaissement
affaire
affaisser
affamer
affamé
affectation
affectionner
affecter
affectueusement
affectueux
affection
affermer
affermir
affermissement
affiche
afficher
afficheur
affidé
affiler
affinement
affiner
affineur
afin-que
affinité
affiquet à tous
affirmatif
affirmation
affirmativement
affermer
affliction
affligeant
affliger
affligé
affluence
affoiblir

affoiblissement
affranchi
affranchir
affranchissem.t
affreux
affreuse
affriander
affront
affronter
affronteur
affut, affuter

AG

Agacement
agacer
agarie
agathe
age, âgé
agencer
s'agenouiller
agent
agenda
aggraver
agrandissem.t
agrandir
agression
il s'agit
agneler
agile
agilité, agir
agilement
agissant
agitation
agiter
agneau
agnès, agnus
agonie
agonisant
agoniser
agrafe

agrafer
agrandir
agréable
agréer
agrement
agriculture
aguerrir
aguet
agréger
agregation
agresseur
agripper
aguerrir

AH

Ah
aheurter
s'aheurter

AI

aider, aide
aigle, aiglon
aigre, aigrette
aigrement
aigret
aigreur
aigrir, s'aigrir
aigu, aiguë
aiguisé
aiguisement
aiguiere
aiguiser
ail, aile, ailé
ailleurs
ailerons
aimable
aimanter
aimant
aimer
aimé
aimoragie

aîne,
aîné, aînesse
ainsi
ajoint
ajournement
ajourner
ajoûter
air, airain
ais
aisance
aise, aisé
aisément
aisselle
aissieu
ajustement
ajuster

AL

Alambic
alambiquer
alarme
alarmer
à la fin
alaîter
albâtre
alcoran
alcove
alez
alegre, aleger
alégresse
aléne
alentir
alentour
alerte
alesan
algarade
algebre
aliénation
aliéner
aliment

alimenter
allaiter
allée
allégation
alléger
allégorie
allégorique
alléguer
aller
alliage, allié
alliance
alliguement
alliguer
allier
allonger
alloüer
allumer
allumette
allure
allusion
almanac
aloi
alors, alose
aluette
aloyau
alphabet
alphabétique
alte
alternatif
altératif
altération
altérer, alun
altesse, altier

AM

Il faut chercher
par em, les mots
que vous ne trou
verez pas par
am.

AM

Amadouer
amaigrir
amande
amander
amant
amante
amarante
amas, amasser
amateur
amazone
ambassadeur
ambassade
ambassatrice
ambigu
ambiguité
ambitieusement
ambitieux
ambition
ambitionner
amble pas
ambre
ambroisie
ame, amer
améliorer
amande
amander
amener
amenuiser
amertume
ameublement
amie, ami
amiablement
amidon
amiral
amirauté
amit linge
amitié
amnistie

amollie
amont en haut
amorce
amorcer
amortir
amour
amourette
amoureux
amphibie
amphibologie
amphithéâtre
ample
amplifier
ampoul
amplement
amplification
amusement
amuser
amidales

AN

An
anachorette
anagramme
analogie
analyse
anarchie
anathême
anatomie
anatomiste
ane être, anche
anchois poisson
ancien, ancrer
anciennement
ancre de navire
anéantire
anéantissement
anémone fleur
ange, angélique
angle, anglois

angloise	apostropher	appointé	arc-boutant
angoise	apostrophe	apporter	arcenal
anguille	apostume	apposer	archal, arche
animal, animer	apoticaire	apposition	archange
animosité	apoticairerie	apposter	archer, archet
anis, annales	appaiser	appréciation	archevêque
anneau, année	apparat	apprécier	archidiacre
anniversaire	appareil	appréhender	archiduc
annoncer	appareiller	appréhension	archiduché
l'annonciation	appareilleur	apprentif	archiépiscopal
annotation	apparamment	apprentissage	archiprêtre
annuel	apparence	apprêt	architecte
annuellement	apparent	apprêter	architecture
annulaire	apparenté	apprivoiser	archive, arçon
annuller	apparition	approbateur	ardemment
anus, anse	apparoître	approbation	ardent, ardeur
ante-christ	appartement	approchant	ardillon
antichambre	appartenance	approche	ardoise, arête
anticipation	appartenir	approcher	argent, argenter
anticiper	appas, appeau	approfondir	argenterie
antidate	appauvrir	approprier	argentin, argille
antidater	appel	approuver	argument
antienne	appellatif	appui, appuyer	argumenter
antimoine	appellation	apre, après	arithméticien
antipathie	appeller	apreté	arithmétique
antipodes	appentis	**AQ**	armateur
antique, antre	appercevoir	Aquatile	armé, arme
AP	appesantir	aquatique	armement
Apéritif	apetissant	aqueduc	armer, armoire
apocalypse	appetit	aquilon	armoiries
apologie	applanir	**AR**	armure
apoplexie	applanissement	Arbalètre	armurier
apostasie	applatir	arbalétrier	aromatique
apostasier	applaudir	arbuste	arpent
apostat	applaudissem.t	arbrisseau	arpentage
apostille	application	arbitrage	arpenter
apostolat	appliquer	arbitraire	arpenteur
apostolique	appointer	arbitre, arbre	arquebuse
apôtre	appointement	arc, arcade	arquebusier

arracher
arrangement
arranger
arrérages
arrês, arrester
arrest, arresté
arrière
arrivée, arriver
arrogance
arrogant
arrondir
arroser
arrosoir
art, artère
artichaux
article, artifice
articuler
artificiel
artificieux
artillerie
artisan, artiste
artistement

A.S

As
ascendant
ascension, ascète
asne, asnerie
asnesse, asnier
asnon, aspect
asperge
aspersion
aspic, aspirer
aspiration
assaillant
assaillir
assaisonnement
assaisonner
assassin
assassinat

assassiner
assaut
assemblage
assemblée
assembler
asseoir
asservir
assurance
assurément
assurer, assez
assidu
assiduité
assidûment
assiégeant
assiéger
assiette
assignation
assigner
assistance
assistant
assister
association
associer
assommer
assomption
assortissement
assortir
assoupir
assoupissant
assoupissement
assujettir
asthmatique
asthme, astre
astreindre
astringent
astrologie
astrologue
astronomie
astronome

AT

Athée, atour
athéisme
athlète, athèmes
âtre, atroce
atrocité, attache
attacher, attaquer
atteindre
atteinte
attelage
atteler, attelier
attendre
attendrir
attendu
attentat
attente, attenter
attentif
attention
attentivement
atténuer
attestation
attester, attiser
attirail
attirant
attirer
attireur
attitude
attouchement
attrait
attraper
attribuer
attrister
attrition
attrouper
attraction
attribut

AV

Avaler, avance
avancement

avancer, avant
avarice
avantage
avantager
avantageux
avant-coureur
avant-garde
avant-hier
avare, avarice
avaricieux
aubade
aubaine
aube-du-jour
auberge, aucun
aucunement
audace
audacieusement
audacieux
audience
auditeur
auditoire
avec, aveline
aveindre
avénement
avenir, avent
aventure
aventurier
avenne, avertir
aversion, avéré
avertissement
aveu, aveugle
aveuglement
aveugler, ange
augmentation
augmenter
augur, auguste
avidement
avide, avidité
avilir, aviron

avilissement	badinage	baptême	bavette, baume
aujourd'hui	badiner	baptiser	bavolet
avis, aviser	badinerie	barbare, baquet	bayonnette
avisé, aulnage	baffouer	barbarie	**BE**
aulne, aumône	bagatelle	barbet, barbier	Béatitude
aumelette	baguage, bague	barbe, barbeter	beau, becasse
aumônier	baguette	barbouiller	bêche, bêcher
avarice	bahutier	barbouilleur	becqueter
avocasser	balai, baigner	barbu, barder	bégayement
avocat, avoine	baigneur	bardes, baron	bégayer, bègue
avoir, avorton	baignoire, bail	baraguigner	béguin, belette
avouer, auprès	bailler, bailli	baronnie	belier, belitre
auparavant	bailliage	barracan	belle-fille
avril, aurore	bâillon, bain	barque, barre	bellement
auspice, austere	baiser, bal	barreau, barer	belle-mere
austérité, autel	baladin, balafre	barricade	belle-soeur
autant, auteur	balancer	barrière, baril	bénédiction
authentique	balayer	barrique, bas	bénéfice, bénir
autoriser	balayeur	basane, base	béquille
autorité	balcon, bale	basilique	berceau, bercer
automne	baleine, balet	basque	berger, bergerie
autour, autre	baliveau	basse-cour	berner, besace
autrefois	balivernes	bassesse	besogne
autrement	balustrade	bassin, bassiner	besoin, bête
autruche	balot, banal	bassinoire	betterave
autrui, auvent	ban, exil	un-bast	béve, beurre
auxiliaire	banc, siege	bastonnade	**BI**
AY	bandage	bastion, bâtard	Biais, biaiser
Ayeul	bandeau	bâtiment	biberon, bible
ayeux, azur	bander, lier	bâtir, bâton	bibliothéque
BA	banderole	bâtonnier	biche, bicheron
Babillard	bande, bandi	bataille	bilet, bien
babillement	bannière	bataillon	bienfacteur
babil, babiller	bannissement	bateau	bienfaictrice
babioles	bannir, banque	batelier	bienfait
bacchus	banqueroute	batelier, batoir	biere, biser
bachelier	banqueroutier	un battant	bigarreau
bachot, badin	banquet	batterie	bigarrer
badaud	banquier	battre, baver	bigarrure

bignet, bigot	bouder, boudin	brasselet	bruit, brûlant
bigoterie	boué, boueux	brasseur	brûlot, brûlure
bijoux, bile	boufi bouson	brave, braver	brun, brunir
bilieux, billiot	bousonnerie	bravoure	brunissoir
biscuit, bise	bougeoir, bouge	brayer, brayes	brunisseur
BL	bouger, bougie	brayette	brusquement
Blâme, blâmable	brouillie, boule	brebis, brèche	brusquerie
blancheur	bouillant	bredouiller	brusque, brutal
blanchir	bouillon	bref, brelan	brutalité, brut
blanchissage	bouillonner	brette, brevet	**BU**
blanchisseur	bouis-ou-buis	breviaire	Bûche, bûcher
blanque	boulanger	brcavage	buis, buisson
blasphémateur	boulevart	bride, brider	buffet, bulle
blasphème	boulverser	brièvement	bureau,
blasphémer	bouquet	briser, brigade	burette, burin
bled, blêmir	bouquetière	brigadier	buriner
blême, blesser	bourbe	brigand	burlesque
blessure, bleu	bourbeux	brigandage	buste, but
blond, bloquer	bourbier	brique, briquer	bute, buter
BO	bourdon	brillant, brin	butin, butiner
Boire, boiser	bourdonnement	briller, brique	buvette
boisseau, boete	bourdonner	brocard, broc	buveur, butor
boisson, boiter	bourgeois	brocarder	**CA**
boiteux, bocage	bourgeoise	brocatelle	Cabaler
bombe, bon	bourgeon	broche, brocher	cabale, cabane
bonbon, bonnet	bourrelier	brochet	cabaret
bonté, bord	bourre, bout	brodequin	cabaretier
bordereau	bouteille	broder	cabinet, cable
border, bordure	boutique	broderie, brodeur	cabre, cabrer
borgne, borne	boutonner	broncher	cabriole, cacher
borner, basquet	bouton, boyau	bronze, bronzer	cachette
bosse, bossuer	bouvier	brossailles	cacheter
boteler, botte	**BR**	brosse, brosser	cachet, cachot
botter, bottine	Braire, branle	brouette, brouet	cadavre
bouche, boucher	branche	brouillard	cadenat, cadet
bouchée	brandillier	brouillerie	cadran, caduc
boucherie	braquer	brouillon	cage, cahier
bouchon, boucle	bras, brasier	brouter, broyer	cahot, cahoter
bouclier, boude	brasse, brassée	bru, bruine	cahutte

caille, cailler	canton	carriole	cengle, sengler
caillou	se cantoner	carrosse	censurer
cajoller	cap, capable	carrousel	centuple, cent
caisse, caissier	capacité	cartier, carte	cependant
cal, calciner	caparacon	carton, cartel	cerveau, cercle
calculer, cale	caparaconner	cartonner	cerceuil
calebasse	capilotade	casaque, cas	cérémonie
caléche	capitaine	cascade	cerfeuil, cerf
caleçon	capital, cape	cassation	cervolant
calendre	capitulation	casse, casser	cerisier, cerise
calendrier	capituler	casserol	cerneau, cerner
caler, calibre	caporal	cassette	certain
calice, calmer	capel, caprice	cassolette	certainement
calomniateur	capricieux	castor, casuel	certifier
calomnie	captiver	casuiste	certificat
calomnier	captivité	catalogue	certitude
calotte, camail	captif, capture	cataplasme	cerveau
camarade	capuchon	catarre	cervelle
camelot	caque, caquet	catéchiser	cessation
camisole	caqueter, car	catéchisme	cesser, cession
camp, camper	caractère	cathédrale	cessionaire
campagnard	carabine	catholique	**CH**
campagne	caravane	cave, cavale	Chacun, chagrin
campement	carafe, carcan	cavalerie	chaîne, chair
camper, cantus	cacasse	caverne, caver	chaire, chaise
canaille	cardes, carder	cause, causer	chaland
canard	cardinal	cautere	chaleur, chalit
canal, cancer	carême	caution, cautionner	chaloupe
candeur	caresser	**CE**	chalumeau
cane, cannelle	carillon	Céans, céder	chambre
canevas, canif	carillonner	ceindre	chambrière
canicule	carnage	ceinture, ceintre	chameau
canne, canon	carnaval	ceinturon	champêtre
canoner	carotte, carpe	célébrer	champignon
canonicat	carquois	célèbre, célibat	champ, change
canonier	carreau	célérité, céler	chanceler
canonique	carrefour	cellerier	chancelier
canoniser	carreler	cellier, cellule	chancre
cantique	carrière	cendre, cène	chandelle

chandelier	charrier	chèrement	cire, circuler
changeant	charroi	chérir, cherté	circuit, ciseler
changement	charron	chétif, cheval	ciseau
changer	chasser, chasse	chevalet	citadelle
changeur	chasseur	chevalier	citerne, citoyen
chanoine	chassis, chaste	chevelure	citer citronille
chanson, chant	chastement	cheveaux	citron, civiere
chapelet	chasteté	cheville	citation
chapelain	chasuble	cheviller	civilité, civil
chanteau	châtaigne	chevreau	**CL**
chanter	château, chat	chevron	Claie, clair
chantier	châtain, châtier	chèvre, chez	clairement
chantre, chape	chat-huant	chicaner	clandestin
chapeau	chatouillement	chicané, chiche	claquer
chapelier	châtré, châtrer	chicorée	clarté, classe
chaperon	chaudement	chien, chiffre	clavessin
chapitre, chapon	chaudron	chimère	clause, clef
chaponner	chaudronnier	chirurgie	clémence
charbon, char	chaudière	chirurgien	clément
charbonnier	chaud, chaume	choc, choisi	clere, clergé
chardon	chauffrette	chose, chopinne	clin-d'œil
chardonneret	chaumier	choquer, choux	cloche, clocher
charger, charge	chausse	christianisme	clochette
chariot	chaussée	chrétien, chute	cloison, cloître
charité	chausser	chronologie	clou, clouer
charitable	chaussette	**CI**	**CO**
charivari	chausson	Ciboire	Coche, cochon
charlatan	chaussure	ciboule	coëffe, coëffer
charmant	chauve, chaux	cicatrice	coëffure
charme, charnel	chef-d'œuvre	cidre, ciel	coënne-de-lard
charmer	chef, chemin	cierge, cilice	coeur, coffre
charnier	cheminée	cime, ciment	cognée, cogner
charnu	chemise	cimenter	coline, colere
charogne	chemisette	cinquante	coin, colique
charpente	chêne, chenet	cinquième	collation, colle
charpentier	chenevis	cinq, cintrer	collationner
charpie	chenille, choeir	circonspect	college, coller
charrette	chercher, cher	circonspection	collier, colline
charretier	bonne chère	circonstance	collombier

colonne	complimenter	confiscation	contemplation
colorer, combat	se comporter	confisquer	contempler
combattre	composer	confitures	contenance
combien	conformer	confondre	contenir
combler	composition	conforme	content, conter
comédie	comprendre	conformité	contenter
commandement	compris, compte	confrérie	contestation
commander	compter	confronter	contester
comme, commis	comptant	confusion	continuation
commencement	comte, concert	confus, congé	continuel
commencer	concerner	congédier	continuer
comment	concevoir	congratulation	contract
commentaire	concierge	congratuler	contracter
commerce	concile, concis	congrégation	contraindre
commettre	conclure	conjecture	contrainte
commissaire	conclusion	conjecturer	contraire
commission	concombre	conjurer	contrarier
commode	concorde	connoissable	contre
commodément	concours	connoissance	contredire
commodité	concubine	connoître	contrefaire
commun	concurent	conquérant	contretems
communauté	condamner	conquérir	contribuer
communication	condescendant	conquête	contribution
communier	condescendre	consacrer	contrition
communion	condition	conscience	controlle
communiquer	conducteur	consciencieux	controller
compagnie	conduire	consécration	controlleur
compagnon	conduite	consul, conseil	convaincre
comparaison	conférence	conseiller	convenable
comparer	conférer	consentir	convention
compas	se confesser	conséquence	conversation
compassion	confession	constance	conversion
compatir	confiance	consternation	convertir
compenser	confidence	constituer	convier, convoi
complaire	confident	construction	copie, copier
complaisance	confiner	construire	coquette, coq
complot	confier, confire	consultation	coquille
complexion	confins	consulter	corbeille, corde
compliment	confirmer	consumer	cordonnier

corne, cornet	crayon	curieux, cuve	décapiter
corriger, corps	créance	cuver le vin	décembre
correcteur	créancier	curiosité	déchainer
correction	créateur	**D A**	décharger
corrompre	création	Daigner	décharner
corruption	créature, crédit	damas, dame	déchausser
côte, coton	crédule, crèche	damnation	déchirer
couche	crédulité	se damner	déchus, décider
couchant	créer, crème	dangereux	dicisif
se coucher	crêpe, crever	danger, dans	décision
couchette	creuser, creux	danse, danser	déclamer
coudre, couleur	cri, crier	date, dater	déclaration
coulisse	crieur, crime	davantage	déclarer
coup, coupable	criminel	dard, dauphin	décollation
coupe, couper	critique	**D E**	décoller
courage, cour	critiquer	Dé, debaler	déconcerter
courageux	crocheteur	débander	découdre
courageuse	croc, croire	debarbouiller	découper
coureur	croissant	debarquement	décourager
courier	croître, croix	debarquer	découvrir
couronne	crote, croter	debarasser	décret, décrier
couronnement	croyable, cru	se débattre	decrocher
couronner	cruauté, cruche	débat	décroter
courroux	crucifier	débauché	décrotoire
courtiser	crucifix	débaucher	dédaigner
cousin, couter	crystal, cruel	débit, débiter	dédaigneux
couteau, coût	**C U**	débiteur	dédier, dédire
coutume	cuillier	débordement	dédommager
couvert	cuillère	déborder	déduction
couverture	cuirasse, cuir	déboucher	déduire
couvrir	cuisine, cuisse	deboursement	défaire, défaite
C R	cuisinier	débourser	défaut, défense
crachat	cuisson, cuivre	déboutonner	défendre
cracher	culbuter, cul	se débrailler	défectueux
craindre	culbute, culotte	débrouiller	défiance
crainte	cultiver, culte	débris, déceler	se défier
crasseux	culture, curé	déça, décéder	défleurir
crasse	curateur	décadence	défoncer
cravate	cupidité, cuvier	décamper	défiler, défunt

dégager, dégat	dépeindre	désormais	dignité, digne
dégarnir	dépendance	désoler, dessein	diligence
dégourdir	dépendre	desservir	diligent
dégorger	dépenser	dessous, dessus	diminuer
dégoût	se dépêcher	destinée	diocèse, diner
dégoûter	dépeupler	désunir	directeur
dégraisser	se dépiter	détachement	dire, diriger
déguisement	dépit, déplaire	détacher	discipline
déguiser	déplacer	détenir, détour	discontinuer
déjûner	déplier	déterminer	discorde
dehors, délai	déplorable	déterrer	discourir
délaisser	déplorer	détestable	discours
délibération	déposer, dépôt	détourner	discret
délibérer	députer	détruire, dette	disgrace
délicat, délices	déraciner	détroit, devant	disgracier
délicieux	déranger	devancer	disparoître
délivrance	derechef	developer	dispense
délivrer	dérégler	devenir, devers	dispenser
delier, déloger	dériver, dernier	deuil, devin	disperser
demain	dérober	deviner	disposer
demander	déroute	dévisager	disposition
démarche	derrière	devise, devoir	disputer
démarer	désabuser	dévoiement	dispute
démeler	désapprouver	dévorer, dévot	dissiper
démembrer	désarmer	dévotion	dissoudre
démentir	désavantage	dévouer, deux	dissuader
démeubler	désaveu	deuxième	distance
demeure, demi	désavouer	**DI**	distinct
demoiselle	descendre	Diable	distinguer
démolir, démon	déserter, désert	diamant	distrait
démontrer	déserteur	diacre, dicter	distribuer
dénicher, denier	se déshabiller	dialogue	divertir
dénombrement	déshonnête	dictionnaire	divertissement
dénombrer	déshonneur	**DIEU**	divinité
dénoncer	désirable	diffamer	divin
dénouer, dent	désir, désirer	différence	diviser
dentelle	désobéir	différend	division
dépaqueter	désobliger	différer	diurnal, dis
dépense, depart	désordre	difficulté	divulguer

DO	EC		EN
Docte, docteur	Ecaille, écarter	élévation	enclure
doctrine, doigt	écarlate	élever, éloge	encourager
dogme, dogue	écclésiastique	éloigner, elle	s'endormir
domestique	échalas	éloquence	endroit, enfant
domicile	échancrer	**EM**	endurci, enfer
dominer	échanger	Emanciper	enfermer
dommage	échopper	embalage	enflammé
dompter	écharpe	embarquement	enfiler, enflé
don, donner	échauffer	embarras	enfoncer, enfan
donne, donjon	échevin, écho	embaumer	engloutir
dorer, doreur	écheoir, éclair	embellir	engourdi
dormir, double	éclaircir	embourbé	engraisser
doubler, dos	éclairer	s'embrasser	enjoler, enlever
doublure	éclater, éclipse	embuscade	ennemi, ennuyé
douceur	édorre, écolier	éminence	s'énoncer
douter, douze	école, écouler	émotion	énormité
douteux, doyen	écorcher	empêchement	enrhumé
dragée, dragon	écraser	empester	s'enrichir
DR	écouter, écrire	empire	enrollé, entier
Drap, dresser	écrivain	emplâtre	enseigne
drogue, droit	écumer, écurie	employer	ensevelir
droiture	éouyer, édifice	empoigner	entamer
DU	éducation	empoisonner	entendre
Duc, duché	**EF**	emporté	entendu, entrée
duel, duper	Effacer	empressé	enterrement
dur, durcir	effet, effort	emprisonner	entonner, entier
durer, dureté	effrayé, égard	emprunt	entortiller
durillon	effronté	emprunter	entre-deux
dyssenterie	**EG**	émulation	entreprendre
EB	égarement, égal	**EN**	entrepreneur
Ebahir, Eau	église, égorger	Encaver	entreprise
ébattre	s'éjouiller	encens	entretien, entrée
ébaucher	égratigner	enceinte	entretenir
ébene, éblouir	éguillette, éguille	enchanté	entrevue
ébouler	**EL**	enchanter	envelopper
ébrancher	Elancer	enchasser	envieux, envie
ébranler	élargir	enchérir	environner
ébrecher	élégant	encolerre	environ, envier
		encloüe, encore	envoyer

envisager

EP

Epaisseur
épargne, épée
épeler, épingle
épicier, épouse

EQ

Equipage
équitable
équité, erreur

ES

Escarmouche
esclave
espérance
espion, esprit
essayer
essence
essuyer
estimer
estomac
estropié

ET

Etabli, étage
étaler, état
été, étendu
éteindre
étendre, éternel
éternuer
étincelle
étoile, étenué
étouffé, étourdi
étranger
étrangler
étrange, étude
étrennes, étui
étrivières
étriller, étudier

EV

Evangile

évanoui
évaporé, éveillé
éventail
éventer, évêque
évidence, éviter

EX

Exactitude
examiner
exaucer
excellence
excepter, excès
excessif
exciter
excommunié
excusable
excuser
exemple
exempte, exempt
exercer
exercice
exhortation
exhorter, excité
exiter, exiger
expédier
expédition
expérience
expérimenté
expirer, expert
explication
expliquer
expression
exposer, exprès
exprimer
extase
extérieur
extérieurement
exterminer
extraction
extraordinaire

extravagance
extrémité

FA

Fabrique, face
fabuleux
facilité, façon
facile, faim
famine, faire
fameux
fainéant
familier
famille
fantaisie
fard, farder
farine, fatal
fatigué, fat
faubourg a
faveur, favori
fauteuil
faute

FE

Feindre, femme
fendre, fenêtre
fer, ferme
ferrer, fertil
festin, fête
fétu, feuille
feu, février

FI

Fiançailles
fiancée, fier
fidélité, fierté
fièvre, figue
fils, fille, finir
fin, finesse

FL

Flambeau
flamme, flater
flatteur, flacon

fleur, fleurir
flétrir, flotte
fluxion

FO

Foiblesse
foire, fond
fol, folie
fondation
fondement
fontaine
fondre, force
forger, forêt
formalité
forme, former
fort, fortune
fortifier
fosse, fondre
fouetter, fouet
fougueux
fonte, fouler
fourrage
fournir, foy
fourreau

FR

Fracas, fragile
france, frais
françois
franchise
fraper, fraude
frayeur, frémir
fréquenter
frere, friand
fripier
fripon
frisure, friser
fromage, fruit
frotter, froid
fuir, fuite
fumier, furie

furieux

GA

Gabelle
gage, gagner
gager, gaillard
gain, galoper
galant, galère
gantier, gant
garantir
garçon, garder
garnir, gâter
gayeté, gaye

GE

Gelée, geler
gémissement
genièvre, gendre
généalogie
général, gêner
génération
généreux, geste
gentilhomme
genou, gibier

GL

Glace, glisser
glorieux, gloire

GO

Gorge, goûter
gourmand
gousset, goût
gouverner
gouverneur

GR

Grace, gracieux
graisse
grandeur
gras, grasse
grassement
gratifier, gratter
gratuitement

gravité, grave
greffier, grêler
grenier, grincer
grimace, grotte
gronder, gris
groseille, gros
grossesse, gril
grosse, grossier

GU

Guérir, guerre
guérison
queue, gueux
guide, guider
guitarre
guigne

HA

Habile, habit
s'habiller
habitant
habitude
habituer, habit
hableur
hacher, hache
hachis, haine
haillon, haïr
haïssable
hallebarde
hameau, hâle
hâlé, haleine
hameçon
hanche, hanter
hardes, hardi
hardiesse
hareng
harengere
harmonieux
harnois, hater
hautain, haut
hauteur

hazard
hazarder

HE

Hélas, hérésie
hérétique
se-hériser
héritage
héritier
hermite
hériter
heure
heureux

HI

Hideux, hier
hirondelle
histoire, hiver

HO

Homicide
homme
honnête
honnêteté
honneur
honorable
honorer
honoré, honte
honteux
honteusement
horloge
horreur
horrible
hôpital, hôte
hôtel-dieu
hôtellerie
hotte, housse

HU

Huguenot
huile, huiler
huissier, huit
humain

humanité
humble
humblement
humecter
humeur
humer, hurler
humidité
humiliation
s'humilier
hurlement

HY

Hydropique
hydropisie
hypocrisie
hypocrite

JA

Jalousie
jaloux, jamais
jambon
janvier
jambe, japper
jardinier
jardin, jaune
jarretieres
jaunisse

ID

Ici, idée, idiot
idolâtre, idole

JE

Jetter, jetton, jeu
à jeun, jeûner
jeudi, jeunesse

IL

Ignorant
illuminer
illustrer

IM

Image, imiter
imaginable

<table>
<tr><td>

imagination
s'imaginer
imbécille
immanquable
immobile
immodeste
immortel
impair
impatience
impénétrable
imperceptible
imperceptible
imperfection
impérieux
impertinent
impétueux
impiété, impie
impitoyable
implorer, impôt
importance
importun
importuner
imposition
impossible
imposture
imprenable
impression
imprévu
imprimer
imprimerie
imprudence
imprudent
impudique
impunément
impureté
IN
Incapable
incendie
incertain

</td><td>

incessament
incision, inciter
incivil
s'incliner
incommode
incommodité
incomparable
inconcevable
inconnu
inconstant
incontestable
inconvénient
incrédule
indécent
indifférence
indigeste
indigne
indiscret
indispensable
indisposé
indulgence
industrie
inestimable
inévitable
infaillible
infame, infecter
infanterie
infatigable
infection
inférieur
infidèle
infinité, ingrat
infirme
inflamation
informer
infortune
ingénieux
ingratitude
inhumain

</td><td>

injurier, injure
injurieux
injustice
innocent
inondation
inquiet
inquiétude
insensé
insensible
insipide
insolence
insolvable
inspirer
instruction
instruire
instrument
instant, insulte
intelligence
intendant
intention
interdire
intérêt
interpréter
interroger
interrompre
intimider
intrigue
s'intriguer
introduire
inventaire
inventer
invention
inviolable
invisible
invoquer
inutile
inutilement
JO
Joie, joindre

</td><td>

joli, joué
jouer, jouir
jouissance
journée, jour
joyeux
IR
Irrévérence
irrévocable
irriter
JU
Juge, juger
jugement
juif, juillet
juin, jurer
juste, justice
justement
LA
Laborieux
labourer
laboureur
lâche, lâcher
laide, laine
lait, lame
lamentation
lampe, lance
lancette
langage
langueur
languir, lavement
lanterne
langue, lapin
lapreau
laquais, lard
larder, large
largeur
larme, larron
las, lasser
lassitude
latin, laver

</td></tr>
</table>

LE	MA		
Leçon, lecteur	Ma, mâcher	manuscrit	mécontenter
légitime	machine	maraud	mercredi
légitimement	madame	marbre, marche	médecin
légume, léger	mademoiselle	marchand	médecine
lenteur, lequel	magasin	marchandise	médiocre
lessive, lettre	magistrat	marcher	médisant
se-lever	magnificence	mardi, marée	mégard
levain, lèvre	magnifique	maréchal	meilleur
LI	majesté, majeur	marguerite	mélancolique
Liard, libéral	maigre, main	mariage	mêler, mémoire
libérer, liberté	Maigreur	marié, marier	membre, ménage
libertin	maintenant	marinier	menacer
libertinage	maintenir	marmiton	mendiant
libraire, lier	maison	marmite	mensonge
libre, licence	mais, maître	marquer	mendier, mener
lieue, lièvre	maîtresse	marquis	menteur
lieutenant	maîtriser	marque, mars	menton
se-liguer	malade, mal	marteau	mentir, menu
limonade	maladie	martyr, mari	menuisier
linceuil, linge	mal-adroit	martyriser	mépriser
lisible, livrer	malédiction	martin, masque	mercier, mépris
lit, livrée	malheur	se-masquer	la-mer, mère
LO	malheureux	massacre	mérite, mériter
Locataire	mal-honnête	masse, massif	merveille
logement	malice, malin	matelas	messe, message
loger, loi	maltraiter	matelot	messéance
loisir, long	mammelle	matériaux	mesure, mesurer
longueur	manchette	matériel	métayer, métal
louable, loup	manchon	matière, matin	méthode
louche, louer	manche	matinée	mettre, meuble
lourd, loyer	marier, mander	maturité	meubler, mourir
LU	manger	maudit, may	meunier, meur
Lueur, luire	manière	mauvais	meurtre
lumière, lune	maniment	**ME**	**MI**
lundi, lustre	manœuvre	Méchanceté	Midi, mieux
lustrer	manquer	méchant	mue, miel
lunette, lui	manteau	mèche, méditer	mien, miette
luxure	manufacture	méconnoître	mignard
		mécontent	mignarderie

mignon, milieu	mortellement	nettoyer	observation
mille, mine	se mortifier	neuvaine	observer
mignature	mot, motif	**NI**	obstination
ministre	mouche	Niais, nicher	s'obstiner
minorité	moucher	nièce, nier	**OC**
minuit, miracle	mouchoir	nigaud	Occasion
miroir, misere	moucheron	**NO**	occident
misérable	mouiller	Noble, noblesse	occupation
miséricorde	moulin, mourir	NOËL, nôce	occuper
mitoyen, mystere	moustache	noeud, noir	occurence
MO	mouton, moyen	noisette	octave, octobre
Mode, modele	**MU**	noircir, nom	octroyer
modération	Muet, mulet	nombre	**OD**
moderé, mois	multiplier	nombril	Odeur, odorat
modestie	multitude	nommer	odieux
moeurs, moi	munir, murer	nonchalance	odoriférant
moine, moins	mur, musique	nonobstant	**OE**
se moisir	murier, mutine	notaire, notre	Œil, œillade
moissonner	mutin, musquer	novembre	œillet, œuf
moisson, moitié	**NA**	nouer, novice	œuvre
molesse	Nager, naïf	nourriture	**OF**
moment, mon	naissance	nourrir, nous	Offenser
monarque	naître, nappe	nouveau	office, official
mon dain	narration	nouveauté	officialité
monde, montée	narine, natif	nouvellement	officier, offrir
monnoie	nation, nature	nouvelle, noyau	officieux, offre
monsieur	naturel	**NU**	**OI**
monstre	naturellement	Nuage, nu	Oignon, oindre
montagne	navire	nué-ou-nuée	oiseau, olivier
montir, montre	**NE**	nuisible, nuit	oisif, oisiveté
montrer	Néant	nuire, nul	**OM**
se moquer	néanmoins	nullité	Ombrageux
moraliser	nécessaire	**OB**	ombre
monceau	nécessité	Obéir obtenir	**ON**
mordre, mere	négligence	obeissance	once, oncle
se morfondre	négliger, négoce	obligation	ongle, onze
moribond	négociant, nef	obligeant	onguent
la mort, mortel	neige, neiger	obliger, obscur	**OP**
mortalité	net, netteté	obscurcir	Opération

epiner, opinion	outrance	papetier	partage
opiniâtre	outre, outré	papillon	partager
s'opiniâtrer	outrer, ouvert	paquet, parade	participant
opposer	ouverture	PÂQUES	participation
opposition	ouvrage	paradis	participer
opprimer	ouvrier, ouvrir	paraphe	particularité
opulence	oui, ouïe	parallele	particulier
opulent	**OY**	paralytique	partie, partir
OR	Oye	parapet	partisan, parti
Oracle, oraison	**PA**	paraphrase	parvenir
orageux	Pacifique	parasol, parc	parure, passade
orange, oranger	pacte, page	parcelle	passablement
orateur	paillet, paille	parchemin	passage
oratoire	paillasse, paï	parement	passager
ordinaire	pain, paillard	parcourir	passant, passe
ordonnance	païsage, païs	pardonner	passement
ordonner	païsan, paître	pardon, pareil	passeport
ordre, ordure	paisiblement	pareillement	passer, passion
oreille, organe	palais, pais	parent, paré	passe-tems
organiste	palatine	parente, parer	pasteur
orgue, orge	palet, pâle	paresse	pateux, pâte
orgueilleux	palefrenier	paresseux	paternel
orgueil, orient	palissade	parfaite	patiemment
originaire	palpiter	parfaitement	patience
original	palme, pâmer	parfum	patienter
origine, orner	pâmoison	parfumer	pâtissier, patir
ornement	pampre	parfumeur	patois, patrie
orphelin	panache	parier, parjure	patriarche
orteil, ortie	pancartes	se parjurer	patrimoine
orthographe	panchant	parlement	pâturage
OS	pancher	parleur, parler	le pavé, paver
Oseille, osier	panégyrique	parloir, parmi	pavillon
ossement	panique	parole, paroisse	patron, paume
ôtage, ôter	panier, panse	paroissien	paupiere
OU	panneau	paroissienne	pauvre, payer
Oubli, oublier	pantalon	paroître, part	passable, pas
oublieur, ouïr	pantoufle	parrein	paisible, paien
ours, ourse	pante, paon	parricide	**PE**
outil, outrage	pape, papier	parsemer	Péage, peau

peccadille	perruque	pieu, pieux	le plancher
péché, pêche	persécuter	pigeonneau	planette
pécheur, pêcher	persécution	pigeon, pile	plaque, plat
pécunieux	persévérance	piler, pilier	plâtrer, plein
se peigner, peine	persévérer	pillage, pilon	platre, pleine
peindre, peigne	persister, persil	pilorier	pleurer
peinture	personnage	pilori, pillule	pleurésie
peintre, pénible	personne	pimpant	pleuvoir
pêle-mêle	perspective	pinceau, pincer	pleurs, plier
peler, pèlerin	persuader	pincettes	plisser, plomb
pèlerinage	pertinent	pipe, piper	plongeon
pelure, pendant	perte, pesant	piquant	plonger
pendre, pendu	pervertir	piquer, pique	plumage
pénétrant	pesanteur	piqueur	plume, plumer
pénétrer	peser, peste	piquet	pluralité
pénitence	pestiféré, pet	piqueter	plusieurs
pénitencier	pester, pétard	pirate, pire	la plupart
pénitent	péter, pétiller	pirouette	plutôt, pluie
pensée, penser	petitasse	pissat, pisser	pluvieux
pensif, pension	petit, pétri	piste, pistole	
pensionnaire	pétrifier	pistolet, pivot	**PO**
Pentecôte	peuple, peur	pitance, pitié	Poche, poêle
percer, perche	peupler, peut	pitoyable	poelon, poêlette
percher, perclus	peureux	pitoyablement	poëme, poesie
perdition	peut-être		poëte, poids
père, perdre	**PH**	**PL**	poignard
perdreau	Philosophe	Placard	poignarder
perdrix, perdu	philosophie	place, placer	poignée, poignet
perfection	phiole, phrase	placet, plaider	poil, poing
perfectionner	phlegmatique	plafond	un point
perfidie	phrénésie	plaideur	pointer
perfide, péril	physionomie	plaidoyé	pointille
périlleux	physionomiste	plaie, plaintif	pointu, poire
périr, perle	physique	plainte, plaine	poireau, pois
permettre		plaindre	poisson, poison
permission	**PI**	plaire, plaisir	poissonnerie
perpétuel	Pie, pièce	plaisance	poissonnière
perpétuité	pied, piége	plaisant	poissonneux
perquisition	pierreries	plan, plant	poitrail
	pierre, piété	planche	poitrine

pois, police	pouilleux	prémédité	privation
politesse	poulin, pouls	prélude, prémice	privilége
politique	poumon	premièrement	privilégier
poltron, poli	poupée, pour	premier, prendre	prix, probable
pommade	pourpoint	préoccuper	probité, procédé
pommelé	pourpre, pourrit	préparation	procédure
pommier	pourriture	préposer	procession
pomme, pompe	poursuite	présage, prêcher	procés, proche
ponctuel	poursuivre	prescription	proclamé
poudre, pont	pourvoir	prescrire	proclamer
pontife	pourvu	présence, présent	procuration
pontificat	pousser, poussif	présentation	procurer
populace	poussiere, poudre	présentement	procureur
populaire	poussin, pouvoir	présenter	prodigue
porcelaine	**PR**	préserver	prodiguer
perreau, porc	Prairie, pratique	présider	prodige, profès
port, portatif	praticien	présidial	production
portail, portée	pratiquer	présomption	profit, profiter
porte-enseigne	préambule	pressant, presse	profitable
porte-feuille	précaution	presser, prêtre	profondeur
porter, portier	précédent	prêt, présumer	profond, proie
portique	précéder, pré	prétendre	progrès, projet
portrait portion	précepteur	prétention	prolonger
poser, positif	précepte, précis	prêter, prévenir	promenade
passédé	précieux	prétexte	promesse
posséder	précipice	prévaloir	promettre
possesseur	précipitation	prévention	promptitude
possession	précipiter	prévoyance	prononcer
se-paster	précisément	prévoir, prier	prononciation
postillon, poste	prédestiner	prévôt, prieur	prophète
posture, pot	prédicateur	preuve, priere	prophétiser
potager	prédication	primauté	proportionner
potage, poteau	prédiction	principauté	propos, prône
poter, poudrer	prédire préface	principal	proposition
poudre, pouce	préférable	printems, prince	proprement
poudreux	préférence	principe, pris	propriétaire
poulailler	préférer	prise, priser	prospérer
poule, poulet	préjudice	prisonnier	se-prosterner
pouilles	préjugé, prélat	prison, priver	prostituer

protecteur	quand, quant	raisonnable	ravisseur
protection	quantième	raisonner	ravoir, raye
protéger	quantité	ralentir	rayé, rayer
protester	quarante	rallumer	**RE**
proverbe	quartier, quart	ramage, ramas	se-Rebeller
la-providence	quatorze	ramasser	reblanchir
province	quatre, quay	rameau, rame	à-rebours
provincial	quenouille	ramener, ramer	rebord, rebut
provision	querelle	rameur	rebuter, receler
prouver	quereller	ramollir	receleur
proximité	question	ramoner	récent, recepte
prudence	questionner	rampant	réception
prudent	quéte, queue	ramper, rançon	receveur
prude, prune	quittance	rançonner	recevoir
prunelle	quinze, quitte	rancune, rance	réchapper
pseaume	quitter, quoique	ranger, rang	réchaud
PU	quolibet	Tin-rapé, rape	rebâtir, rebelle
Puanteur	quotiser	rappeller	rechercher
puant, public	**RA**	rapport, rapide	réciproque
publication	Rabaisser	rapt, raquette	récidive, réciter
publier, pudeur	rabais, rabat	rarement, rare	récit, réclamer
puee, pucelle	rabatre	rareté, raser	recoin, récolte
puissance	rabatu, rable	rasé, rasoir, ras	recommander
puissant	raboteux	rassembler	recommencer
poulmonique	raccommoder	rassasier, rassis	récompenser
punaise	racourcir	rassurer, rat	réconcilier
punais, punir	race, rachat	la-rate, raton	reconduire
punition	racheter	ratelier, ratier	reconnoissance
pureté, purger	racine, racler	ratification	reconnoitre
purgation	raconter	ratifier, ration	reconnu, recors
purgatoire	rade, radoter	ratisser, ratissé	recoudre
purification	raffermir	ratissoire	recousu
purifier, pus	raffiner, raffine	rattraper	récréatif
QU	rafraichir	raturer, rature	récréation
quadrain	ragout, rage	ravager, ravage	récréer, recrue
quadre	rajeunir	ravaler, rave	recru, recteur
le-quadruple	raillerie, railler	ravine, ravir	rectifier
qualifier	railleur, raison	se-raviser	rectorat, requ
qualité	rajuster, raisin	ravissement	recueil

recuire, recuire	régulierement	renom, renouer	rétablissement
reculé, reculer	rejaillir	renoncer	retarder
à reculons	rejetton	renouveller	retentir
récusation	rejetter, reine	renverser, rente	retenir, retirer
rédempteur	remettre	rentrer, renvoi	rétif, retomber
la rédemption	les reins	renvoyer	retourner
rédiger, rédire	rejoindre	répandre	retracter, rets
redoubler	se réjouir	réparation	retrancher
redoutable	reitérer, relâcher	repartie, repas	rétrécir, revêche
redouter	relâcher, relais	repasser	revanche
redresser	relancer	se repentir	se réveiller
réduction, réel	relation	répétition	réveil, révérer
réellement	relever, relief	répéter, replier	réveler, revenir
réduire, réduit	relieur, relier	replet, replique	révérence, rêver
refaire, refait	religieusement	répondre	revers, revêtir
réfection	religieux	réponse, reposer	réveau, révision
réfectoire	religion, relire	repousser	revivre, réunir
réformer	reliques	représenter	revau, révolte
réferer	se remarier	reproche	révoquer
réfléchir	remarque	réprouvé	réussir, rhume
réflexion	remarquer	répudier	RI
réformer	remboursement	répugner	Richesse, riche
refroidir, refuge	remettier	réputation	ride, rider
se réfugier	remède, remener	requête, reserver	ridicule, rien
refus, refuser	remerciment	résidence	riau, rigide
refuter, regard	se remettre	résigner	rigoureux
regarder	rémission	résistance	rigueur
régaler, régal	remise, remords	résister, respirer	rimer, risquer
régence, régent	remontrances	résolution	riviere, rire
régenter, régime	remporter	respecter	RO
régiment	remplir	responsable	Robe, robuste
régir, région	remuant	rassembler	rocher, rochet
régistre, régle	remuer, renard	ressentir, ressort	roder, rogner
réglement	rencontre	ressource	rogations
réglisse, régler	rencontrer	se ressouvenir	seroidir, roide
régne, régner	rendez-vous	restituer, rester	rolle, roman
regretter	renegat, rendre	restitution	romarin
regret régulier	renfermer	ressusciter	rompre, rond
régularité	renommée	rétablir	ronfler, ronger

rosaire, roseë	rugir	salaire	saumur
rose	ruiner	sale	savon
rossignol	ruisseau	saler	savonner
rossolis	rumeur	saleté	savonnette
roter	ruse	salière	sausse
rôtisserie	rustique	salines	sausser
rôtisseur	**S A**	salir	saut, sauter
roturier	Sabbat	salpêtre	sauteur
roue	sable	saluet	sauvage
roué	sabler	salut	sauvé, sauver
rougeole	sablier	salutation	sauvegarde
rouge	sablon	samedi	le sauveur
rougir	sabot	sanctification	**S C**
rouler	sabotier	sanctifier	Scabreux
rouille	saccager	scandale	scandale
se-rouiller	sac	sanglot	scandaliser
rouleau	sacre	sang	scapulaire
roulement	sacrer	sanglant	scavamment
roupie	sacrifier	sangloter	scavant
roussir	sacrilége	sang-sue	scavoir
route	sacristain	sanguin	scélérat
routier	sacristie	sanguinaire	scéne
routine	safran	sans, santé	schisme
rous	sage	saoul	sciatique, scic
roy	sage-femme	saouler	science
royaume	sagesse	sardine	scorpion
R U	sain	saper	scrupule
Ruban	saigner	sapin, satin	scrupuleux
rubis	saint	sarment	sculpteur
ruche	saignée	satisfaction	sculpture
rude	sainteté	satisfait	**S E**
rudiment	saisissement	satyre	séance
rudesse	saisie	saucisse	séant, sceau
rue	saison	sauf-conduit	sec, sécher
ruelle	salade	saumont	sécheresse
ruer	salé	sauge	seconde

second	sens	**SI**	se-soucier
secondement	sensuel	Siécle	soudain
seconder	sensualité	siege	souder
secourir	sentence	sieu	soudiaconat
secouer	senteur	siflement	soudiacre
secours	sentir	sifler	soudure
secousse	sentiment	siflet	souffle
secret	sentinelle	signal	souffler
secretaire	senti	signalé	soufflet
secrettement	séparation	se-signaler	souffrance
secté	séparer	**SO**	souffrir
séculier	septembre	Solidement	souhait
sédentaire	sept	solitaire	souhaite
séditious	sépulture	solitude	souhaiter
sédition	serin	soliveau	soulagement
séducteur	sérénade	sollicitation	souiller
séduire	serge	solliciter	soulager
séduit	sérénissime	solvable	soulevement
seigle	sergent	solution	soulever
seigneur	sérieux	sombre	soulier
sein, seing	seringue	somme	soumis
séjourner	sirment	sommet	soumettre
sel, sellier	sermon	sommeille	soumission
séjour	serpent	son, sonde	soupconner
semaille	serrure	sonder	souper
semaine	serpe	songer	soupir
selon	service	songe	soupirer
semblable	servante	sonner	souplesse
il semble	serviable	sonnerie	source, sourd...
semence	serviette	sonnetté	à la sourdine
semelle	serviteur	sortie	sourir ; sous
sémestre	sève	sorcier	sous-entendre
semer	séver	sort, sortie	soutenir
seminaire	seul	sortir, sot	soutane
senateur	seulement	sortilège	soutenable
sénéchal	serrer	sotement	soutenu, soutien
sénéchaussée	sese	sotise	se-souvenir
sensé	servitude	souche	souvent, soye
sensible	servilement	souci	souverain, sou

SP	suborner	superbement	surnuméraire
spécifier	subroger	superficie	surpasser
spectacle	subsistance	superflue	surplis
spectateur	subsister	supérieur	surplus
speculatif	subside	supériorité	surprenant
spirituel	substance	supertition	surprendre
sphère	substantiel	supertitieux	surprise
splandeur	substituer	supplanter	sursaut
splendidement	subtilité	suppléer	surcéance
squelette	subtil	supplément	surseoir
ST	subtiliser	suppliant	survendre
stabilité	subvenir, suc.	supplice	survenir
stable	succéder	supplier	survivre
station	successeur	supportable	survivance
statue	succession	supporter	survivant
statuer	successif	supposer	susceptible
statut	succès	supposé	susciter
stérilité	successivement	suposition	suspendre
stipuler	succintement	suppression	suspendu
stomacal	succomber	suprimer	suspect
stratagème	sucrer	suppôt	suspens
structure	sucrerie	suprème	suspension
stupidité	sucre	surabondance	sustenter
stupide	succulent	surabondant	suye
style	sucer, suer	suranné, sur	**SY**
SU	sueur, suffire	surcharger	Syllabe
suaire	suffisamment	surdité	syllogisme
suavité	suffisance	sureau	symbole
suave	suffocation	sureté	symmetrie
subir	suffoquer	surface	sympathie
subalterne	suffrage	surfaire	sympathique
subitement	suction	surintendant	symphonie
subit	sujet, suaf	surmonté	symptome
subjugué	suivant	surmonter	synagogue
sublime	suisse, suite	surnaturel	syncope
suborné	superbe	surnommer	syndic

syrop	tanser	**TE**	tendu
synode	tant	teigne	ténèbres
TA	tante	teigneux	ténébreux
Tabac	tantôt	teindre	teneur
tabatière	tapis	teint	tenir
tabernacle	tapissé	teinture	tentateur
tablier	tapisser	teinturier	tentation
table	tapisserie	tel	tentative
tableau	tapissier	telle	tante
tablettes	taquin	tellement	tenté
tabouret	tard	téméraire	tenter
tâche	taquinerie	témérairement	tenture
tâcher	tarder	témérité	térébenthine
tacite	tardif	témoignage	terminaison
taciturne	tarière	témoigner	terminé
taffetas	taré	témoin	terne
taillandier	tarir	tempérament	terminer
taillant	tartre	tempérance	thermomètre
taillé	tanneur	tempérant	ternir
taillé	tas	température	terrasse
tailleur	tasse	tempéré	terrassé
tailler	tasser	tempérer	terrasser
taillis	tâter	tempête	la terre
taire	tasseau	tempêter	terrestre
talent	tâtonner	temple	terreur
talonner	à-tâtons	templier	terreux
talon	taverne	temporel	terrible
talut	tavernier	temps	terriblement
tambour	taureau	tenaille	terrier
tamis	taupe	tenailler	terrine
tamiser	taxe	tenant	territoire
tanche	taxer	tendre	tertre
tandis	taye	tendrement	testament
tanière	tabellion	tendresse	testateur
tanner	tabis	tendron	tester

teston
tête, têtu
tetter, tettine
tetton, teste

TH

Théatre
thême
théologal
théologie
théologien
théologique
théorie
théorique
thériaque
thésauriser
thon, thèse
thrésor
thrésorier
thrône, tiare

TI

Tiédeur, tiéde-
se tiédir, lien-
main-tierce
le-tiers
tige, tignon
tigresse, tigre
tillac, timbale
timballier
timbre, timide
timidité, timon
tintamare
tintamarer
tintement, tinter
tirailler, tiran
tirannie, tire

tire-bourre
tirer, tiret
tire-lire
tireur, tiroir
tisane, tison
tisserand
tissu, titre

TO

Tocsin
toile
toilette
toise
toiser
toinette
toison
toit
tole
tolérable
tolérance
tolérer
tombe
tombeau
tomber
tomas
tombereau
tome, ton
tondeur
tondre
tondu
une-tonne
tonneau
tonnellier
tonner
tonnerre
tonsure

tonsuré
topas
taupe
topinambour
topographie
topographe
toque
toquet
torche
torcher
torchon
tordre
torrent
tors, tort
tortillé
tortiller
torticolis
tortillon
tortu
tortuë
torture
tot, totalité
total
totalement
touchant
le-toucher
toucher
touë
touffe
touffu
toujours
toupet
toupie
touriere
tour

tourbillon
tourelle
tourment
tourmente
tourmenté
tourmenter
tourné
tourner
tourne-broche
tournelle
tournesol
tourneur
touriere
tournois
tourte
tourterelle
tourtiere
la-toussaint
tousser
tout
tout au plus
tout-a-fait
tout-puissant
la-toux
toy

TR

Trace
tracas
tracasser
tracassiere
tracer
tradition
traducteur
traduction
traduire

traduit	tranquille	travailler	trépigner
trafic	transaction	travailleur	tressaillement
trafiquer	transcrit	travers	tressaillir
trafiqueur	transcrire	traverse	tresser
tragiquement	transféré	traverser	treize
tragique	transférer	travesti	tréteau
tragedie	transfiguratio	se travestir	trêve
trahir	se-transfigurer	traversin	triangulaire
trahison	transformé	trébucher	triangle
trajet	transformer	trébuchet	tribunal
train	transfuge	trefle	tributaire
traineau	transgresser	treille	tribune
trainé	transgresseur	treillis	tricher
trainée	transgression	trenis	tricherie
trainer	transiger	tremblant	triché
trainant	transir	tremblement	tric-trac
traire, trait	transition	trembler	trident
traitable	translation	trembloter	trier
traite	transmettre	tremousser	la-trinité
traité	transmis	trempe	triomphante
traitement	transmutation	trempé	triomphant
traiteur	transparence	tremper	triompher
traiter	transparent	trenchant	triomphe
traitre	transpercer	trenche	tripes
traitresse	transpiration	trenché	trigler
tramé, tramer	transpirer	trenchée	triplé
tramontane	transplanter	trencher	triple
tramper	transport	trenchet	triplement
trampe	transporter	trépié	triste
tranchant	transporté	trentaine	tristement
tranché	transposer	trente	tripolie
une-tranchée	transposition	trépan	tripot
trancher	trape	trépaner	tristese
tranchet	trapu	trépas	trivial
tranquillement	travail	trépassé	trois
tranquillité	travaillé	trépasser	troisieme

troc	tutelle	vanner	venimeux
tromper	tutelaire	vapeur	venin
trompe	tuteur	vaquer	venir
trompé	tuyau	variété	vent
tromperie	**TY**	variable	venté
trompette	tymbale	variation	venteur
trompetter	tyrannie	varié	venter
trompeur	tyran	varier	venterie
trone	tyranniser	variété	ventouse
troncon	**VA**	vaste	ventre
trop	Vacance	vase	ventrée
trophé	vacant	vassal	venue
trot, troter	vacarme	**VE**	vespres
troquer, trou	vacation	Veautour	ver
trouble	vache	veau	verbal
troubler	vague	veautrer	verbalement
trouer	vagabond	véhémence	ver-a-scie
troupe	vaillamment	veiller	verbiage
troupeau	vaillance	veine	verd
trousser	vaillant	velours	verdâtre
trousse	vaincre	vélin	verd-de-gris
truchement	vain	venaison	verdir
trucher	vainement	velu	verdure
trufle	vainqueur	vendange	verdoyant
truie	vaisseau	veau	véreux
truite	vasselle	vaurien	verger
TU	valet	vendanger	verge
Tubereuse	valeur	vendangeur	verglas
tué, tuer	valeureusement	vendeur	vergette
tuerie	valable	vendredi	vergue
tuile	valide	vendre	vérification
tulipe	validement	vénérer	vérifier
tumeur	validité	vénérable	vérité
tunique	valise	vénération	véritable
tumulte	vallée	vengeance	véritablement
turban	valloir	vengeur	verjus
turbulent	vallon	vengeresse	vermeille
turque	van	venger	vermillon
turé	vanité	vénéel	vermine

vermisseau	vicomte	virilement	voile, voiler
vermoulu	viconté	virginité	voir, voirie
venir, vernis	victime	vis-à-vis	voisin, voiturer
vernisseur	victorieux	visage, visée	voiture, voix, vol
verole, vérolé	victoire, vie	viser, visible	voler, voleur, volé
verre, verrerie	vieillard	visiblement	volage, volaille
verrier, vereux	vieillesse	visionnaire	volontaire, volonté
verrouil	vieille	vision, visite	volontairement
verser, verse	vieillir	la visitation	volontiers, volteface
versé, verset	une vielle	visiter, vite	volte, voltiger
vérification	vierge, vieux	vîtement	voltigeur
vérificateur	vigilance	vitesse, vitre	volupté, vomir
verifier, vertu	vif, vigile	vitrier, vivant	vomissement
vertueusement	vigne, vigneron	vivacité	vomitif, voyage
vertueux	vignoble	vivandier	vouloir, voûter
vesse, vesser	vigoureux	vivement	voûte, voyer
vessicatoire	vigoureusement	vivifier, vivre	voyageur, voye
vessie	vigueur	ulcere, ulceré	**U R**
vêtement	vil, vilain	**U N**	Vraiment
veste	vilaine	Un, unanimité	urine, uriner
vestige	vilainement	unanimement	**U S**
vêtir, vêtu	villageois	uniformement	Usage, user
veu, veuve	village, ville	uniformité	usure, usurier
veuvage	vin, vinaigre	uniforme	usurpation
V I	vinaigrier	uniment	usurper
Viager	vindicatif	union, unique	**U T**
viande	vineux, vingt	uniquement	Utilité
viatique	violateur	unir, unité	vue, vuider
vicaire	violement	l'univers	**Y V**
vice	violence, violé	universel	Yeux, yvoire
vice-roi	violent, violer	université	yvre, yvrogne
vice-amiral	violenter	**V O**	**Z E**
vicissitude	violette, violon	Vœu, voisinage	Zélé, zélé
vicieusement	virebrequin	vogue, voguer	zéro, zone
vicieux	vipere, viril	voici, voila	**F I N**